BEI GRIN MACHT SICH IHR WISSEN BEZAHLT

- Wir veröffentlichen Ihre Hausarbeit, Bachelor- und Masterarbeit

- Ihr eigenes eBook und Buch - weltweit in allen wichtigen Shops

- Verdienen Sie an jedem Verkauf

Jetzt bei www.GRIN.com hochladen und kostenlos publizieren

Mitarbeitergespräch mithilfe von Gesprächstechniken, Teamdiagnostik und Transaktionsanalyse

Gina Gorenz

Bibliografische Information der Deutschen Nationalbibliothek:

Die Deutsche Nationalbibliothek verzeichnet diese Publikation in der Deutschen Nationalbibliografie; detaillierte bibliografische Daten sind im Internet über http://dnb.d-nb.de abrufbar.

ISBN: 9783346889324

Dieses Buch ist auch als E-Book erhältlich.

© GRIN Publishing GmbH
Trappentreustraße 1
80339 München

Alle Rechte vorbehalten

Druck und Bindung: Books on Demand GmbH, Norderstedt Germany
Gedruckt auf säurefreiem Papier aus verantwortungsvollen Quellen

Das vorliegende Werk wurde sorgfältig erarbeitet. Dennoch übernehmen Autoren und Verlag für die Richtigkeit von Angaben, Hinweisen, Links und Ratschlägen sowie eventuelle Druckfehler keine Haftung.

Das Buch bei GRIN: https://www.grin.com/document/1363602

Einsendeaufgabe
Alternative A – Themenkatalog 2022

Abgegeben am: 03.12.2022 im E-Campus der Hochschule
SRH Fernhochschule Riedlingen

Modul: Kommunikation und Führung
Studiengang: Wirtschaftspsychologie B. Sc.

von
Gina Gorenz

Inhaltsverzeichnis

Abkürzungsverzeichnis 3

Abbildungsverzeichnis 3

1. Teilaufgabe 1 4

2. Teilaufgabe 2 10

3. Teilaufgabe 3 15

Literaturverzeichnis 21

Abkürzungsverzeichnis

Abb.	Abbildung
aK	angepasste(s) Kind-Ich
bspw.	beispielsweise
BGM	Betriebliches Gesundheitsmanagement
bzw.	beziehungsweise
d.h.	das heißt
EL	Eltern-Ich
ER	Erwachsenen-Ich
fEL	fürsorgliche(s) Eltern-Ich
fK	freies Kind-Ich
ggf.	gegebenenfalls
GT	Gesprächstechnik
K	Kindheits-Ich
kEL	kritische(s) Eltern-Ich
rK	rebellische(s) Kind-Ich
sog.	sogenannte/r
TA	Transaktionsanalyse
u.a.	unter anderem
z.B.	zum Beispiel

Abbildungsverzeichnis

Abbildung 1: Die vier Phasen der Arbeitswelt 10
Abbildung 2: Aufbau der Transaktionsanalyse 16
Abbildung 3: Struktur- und Funktionsmodell der Ich-Zustände 18

1. Teilaufgabe 1

Zu den Aufgaben der Führungskraft eines Unternehmens gehört unter anderem regelmäßige Kommunikation, sowohl intern als auch extern. Dabei dient die Kommunikation als Schlüssel, wenn es darum geht Mitarbeiter anzuleiten, Absprachen zu treffen und ggf. auch kurzfristig auf Veränderungen reagieren zu können. Als Teil der Kommunikation zählen u.a. Mitarbeitergespräche, die nicht zwangsläufig nur durchgeführt werden, wenn es sich um ein negatives Feedback oder Ermahnungen handelt.

Zunächst gilt es einmal den Begriff "Führung" als solchen abzugrenzen. Der Autor Unger (2022) definiert ihn wie folgt: „Führung (althochdeutsch von „fuoren") stammt von dem Wort fahren ab und bedeutet ursprünglich „in Bewegung setzen" oder „die Richtung weisen" und meint damit auch jemanden anderen zu etwas veranlassen."[1] Ob in den Medien, diversen Artikeln oder in sozialen Medien. Die Spitze einer hierarchischen Pyramide bildet die Führungsebene und erscheint deshalb so attraktiv, da mit Führung auch Macht und Einfluss, überdurchschnittlicher Verdienst und ein gewisser Status gleichgesetzt werden. Dabei spielt die vermeintliche Außenrolle nur eine untergeordnete Bedeutung, denn zudem wird Führung auch eine enorme Wichtigkeit hinsichtlich des Unternehmenserfolgs zugeschrieben.[2]

Bei einer direkten Kommunikation in Form von Gesprächen kommt es u.a. zu Missverständnissen, die sich z.B. auf das gesamte Folgegespräch auswirken können. Die Nichtbeachtung, ungenügende Auseinandersetzung der Einschätzung sowie des Verhaltens der Gesprächssituation des Gesprächspartners werden häufig als Gründe für das Scheitern tragfähiger Kommunikation angesehen. Der Schlüssel von gelungener Kommunikation liegt darin sich selbst, aber auch den Gesprächspartner als gleichwertig anzusehen, d.h. dass beide Parteien die Ziellinie erreichen und es nicht dem Zufall überlassen wird, zu einem zufriedenen Ergebnis zu kommen, sondern beide proaktiv auf das Gespräch einwirken. Tragfähige Kommunikation bedient sich verschiedenster Kommunikationstechniken, die das subjektive Anliegen zielgerichtet führen, um eine bewusste beiderseitige Gesprächshaltung

---

[1] Vgl. *Unger* et al. (2022), S. 6.
[2] Vgl. *Unger* et al. (2022), S. 3.

einzunehmen.[3] Der Einsatz von Kommunikationstechniken hängt häufig mit der Annahme einer Haltung zusammen, dessen Ziel es ist eine reflektierte und bewusste Gesprächshaltung anzunehmen. Dabei wird das Führen von Gesprächen in diversen gesellschaftlichen Kontexten interpretiert. Vor allem in Unternehmen, die häufig auch mit dem Begriff „Betrieb" gleichgesetzt werden. Die Bundeszentrale für politische Bildung definiert das Wort „Unternehmen" als „ein in der Marktwirtschaft vorkommendes wirtschaftliches Gebilde, das nach einem von der Unternehmensleitung bestimmten Wirtschaftsplan durch Einsatz der Produktionsfaktoren Güter hervorbringt, vorrangig mit der Zielsetzung, einen möglichst hohen Gewinn zu erwirtschaften (Gewinnmaximierung)."[4]

Daher dient die Unternehmensleitung (Führungskraft) der Richtungsweisung und es wird eine Beeinflussung der Kommunikation für wirksam erachtet, statt sie auf natürliche Weise und unbeeinflusst geschehen zu lassen.[5] Dabei besteht Kommunikation grundlegend aus drei Faktoren:

- nonverbal (z.B. Gestik, Mimik)
- paraverbal (z.B. Stimme, Intonation, Prosodie) ⎬ **Kommunikation**
- verbale (z.B. Sprache)

Kommunikation stellt das wesentliche Element zwischenmenschlicher Beziehungen dar und gibt die Möglichkeit in zwischenmenschlichen Austausch zu kommen (Zusammenarbeit). Wie wichtig dabei der nonverbale Anteil von Kommunikation ist, zeigt eine Studie von Albert Mehrabians. Es wird angenommen, dass rund 55 % des Gesamteindrucks von der Körpersprache abhängen und bspw. nur 7 % den tatsächlichen Inhalt ausmachen. Kommunikation bedient sich also nicht nur ausschließlich am Gesagten, sondern vor allem am Nicht-Gesagten, sowohl visuell als auch auditiv.[6] Bis zu 90 % der Zeit investieren Führungskräfte in die Kommunikation. Führungsinteraktionen, Förderung des menschlichen Erfolgs und wirtschaftliche- sowie gesellschaftswertstiftende Ziele werden über Kommunikation beeinflusst. Sie zählen zu den Hauptaufgaben einer Führungskraft. Dennoch wird die kommunikative Kompetenz oft bemängelt. Kommunikation wird dann als gelingend angesehen, wenn die Basis das Ernstnehmen und Verstehen des

---

[3] Vgl. *Luckau* (2018), S. 57–59.
[4] *Bundeszentrale für politische Bildung* (2016).
[5] Vgl. *Luckau* (2018), S. 59.
[6] Vgl. *Luckau* (2018), S. 113.

Kommunikationspartners darstellt sowie die eigene klare Äußerung. Der zentrale Weg von leistungs- und gesundheitsfördernder Arbeitsbeziehungen geschieht über individuelles Kommunikationsverhalten. Durch eine Vielzahl an Techniken kann sowohl motivierend als auch mitarbeiterorientiert auf das Gespräch eingewirkt werden. Um Erfolge zu verzeichnen ist es notwendig eine von Grundwerten gekennzeichnete Haltung zu bewahren, also respektvoll und wertschätzend im Umgang miteinander zu agieren.[7]
Sowohl national als auch international sind Respekt und Wertschätzung die Brücke für Motivation, gesteigertes Engagement und Einsatz, Anerkennung der Führungskraft durch die Mitarbeiter sowie Bindung an das Unternehmen (organisationales Commitment).[8]
Die Handhabung und Nutzung geeigneter Gesprächstechniken haben sich in den letzten Jahren als sehr nützlich erwiesen. Zur ungeplanten Gesprächskommunikation zählt als besondere Gesprächsform das Mitarbeitergespräch. Zum einen kann dies anlassbezogen sein, bspw. bei einem Abteilungswechsel oder außerordentlichen Vorkommnissen, aber auch im Rahmen jährlich stattfindender Feedbackgespräche. Grundlage bildet dabei die erbrachte Leistung eines Mitarbeiters innerhalb einer gewissen Zeitspanne. Die früher existierende standardisierte Mitarbeiterbeurteilung wurde durch das Mitarbeitergespräch abgelöst, um die damalige kommunikative Einseitigkeit zu vermeiden. Zu den Zielen von Mitarbeitergesprächen zählen: Mitarbeiterförderung und -entwicklung, Selbstreflexion und Feedback, Klärung, Kontrolle und Vereinbarung von Zielerwartungen und Aufgaben, Mitarbeitermotivation durch Partizipation und Gestaltungsmöglichkeiten, Informationsaustausch und Klärung von Missverständnissen sowie Stärkung der Teambildung und Bindung an das Unternehmen.[9]
Es sind aber nicht immer alle Fragen nach einem Gespräch beantwortet oder es kommt zu Missverständnissen. Seit Friedemann Schulz von Thun das 4-Ohren-Modell entwickelte ist erkennbar, das Gesagtes und Verstandenes nicht immer übereinstimmen. Obwohl der Begriff Gesprächstechniken vermeintlich einen mechanischen Zusammenhang suggeriert, geht es grundlegend um das reine Erlernen und Beherrschen von Fertigkeiten, die im direkten Austausch mit

---

[7] Vgl. *Unger* et al. (2022), S. 173–174.
[8] Vgl. *Unger* et al. (2022), S. 184.
[9] Vgl. *Brenner* (2020), S. 3–5.

anderen Gesprächspartnern die Kommunikation erleichtern. Zum Beispiel dann, wenn etwas nicht eindeutig formuliert ist und dies folglich zu einem Konflikt führe. Hier bieten situationsbedingte Gesprächstechniken das geeignete Werkzeug, um einen geordneten Informationsaustausch und Wissenstransfer sicher zu stellen.[10] Gesprächstechniken sind „äußerlich beobachtbare Verhaltensweisen, die einem konstruktiven Gesprächsablauf dienen sollen."[11] Dazu zählen: Sachlichkeit, paraphrasieren, analytisch/aktives Zuhören, Fragen stellen (Nachfragen), Gefühle ansprechen/spiegeln, Feedback/Vorschläge geben und nehmen, Absichten/Zielen klären, Ich-Botschaften senden und Redepausen.[12]

Beispielsituation:
Da in der Unternehmensführung der Firma XY seit längerem über New Work und der rasant entwickelnden Arbeitswelt gesprochen wird, verstärkt nun eine weitere Kollegin den Bereich des BGM (Betriebliches Gesundheitsmanagement).
Hinsichtlich der inhaltlichen Vorbereitung soll es in diesem Jahr eine andere Herangehensweise an die Mitarbeitergespräche geben als sonst.
Im Zuge dessen wird die neue Kollegin gebeten im Vorfeld mit jedem Kollegen einen standardisierten Persönlichkeitstest durchzuführen. In diesem Monat ist Herr Fischer, ein Projektmitarbeiter, an der Reihe. Da der Test Rückschlüsse auf gewisse Persönlichkeitsausprägungen erkennbar macht, kann eine individuelle Vorbereitung auf das Gespräch erfolgen.
Entsprechend dem bisher empfundenen Bild von Herrn Fischer zeigte die Auswertung seines Tests, dass er 79% introvertiert und 21% extrovertiert ist. Nach dieser Erkenntnis erfolgt eine Recherche der Introversion zur Einfühlung dieses Persönlichkeitstyps. Das angelesene Wissen zeigt die Übereinstimmung zu Herrn Fischer auf, denn introvertierte Personen wirken zumeist eher verschlossen und erledigen Dinge oft lieber allein. Dies hat vorrangig nichts mit fehlender Sozialkompetenz zu tun, sondern das introvertierte Person es schlichtweg vorziehen allein und unabhängig zu sein bzw. zu arbeiten. Dieses Verhalten macht sie nicht unglücklich, denn introvertierte Menschen fehlt lediglich das Bedürfnis nach Geselligkeit und Zugewandtheit von extravertierten Menschen.[13]

---

[10] Vgl. *Luckau* (2018), S. 100; Vgl. *Rassek* (2018); *Unger* et al. (2022), S. 220–230.
[11] *Baller* (2017), S. 86.
[12] Vgl. *Baller* (2017), S. 87; *Luckau* (2018), S. 100.
[13] Vgl. *Neyer/Asendorpf* (2017), S. 142.

Dialog anhand der sechs Phasen eines Gesprächsverlaufs:

1. Kontakt- und Situationsklärung: In der ersten Phase geht es um allgemeine, organisatorische Inhalte des Gesprächs. Um Herrn Fischer auch die Möglichkeit der Vorbereitung für ein Mitarbeitergespräch zu geben, wird der Termin ein bis zwei Wochen vorher bekannt gegeben. Auch zu welcher Uhrzeit, wo und wie lange das Gespräch geplant ist, wird bekannt gegeben. Herr Fischer stimmt diesem Termin zu.

2. Eröffnung: In der zweiten Phase (Mitarbeitergespräch findet statt) gilt es zunächst ein entspanntes Ankommen für alle am Gespräch teilnehmenden herzustellen. Um einen Zugang zu Herrn Fischer zu gewinnen, werden zu Gesprächsbeginn einfache Fragen gestellt, um ihn zu Äußerungen zu motivieren und im besten Falle in ein tiefgründiges Gespräch zu münden. Dies schafft Verbundenheit, denn Studien konnten belegen, dass Introvertierte lieber in die Tiefe dringen und nachhaltig an einer Sache dranbleiben.[14] Er wird zu seinem Befinden gefragt, ihm wird ein Getränk angeboten und mit oberflächlichem Smalltalk begonnen um die Situation aufzulockern. Danach wird kurz der Ablauf dieses Gesprächs erläutert, um Herrn Fischer zu informieren.
Beispiel: [Händeschütteln] „Hallo Herr Fischer, schön, dass Sie hier sind. Nehmen Sie gern Platz. Wir haben uns heute zu diesem Gespräch getroffen, um über Ihre Erfahrungen, sowie Wünsche und Kritik in diesem Unternehmen zu sprechen. Wie geht es Ihnen heute?" (GT: Absichten/Ziele klären)

3. Mitarbeiterorientierung: In der dritten Phase gehört das Wort hauptsächlich dem Gesprächsführer. Felfe (2009) betont wie wichtig es sei, den Mitarbeitenden frühzeitig zu Wort kommen zu lassen um Sichtweisen, Einschätzungen und Verbesserungen anzuhören. Herr Fischer wirkt noch etwas zurückhaltend, erzählt aber, dass es ihm an seiner Arbeitsstelle gefällt. Er lobt die gute Planung und Verwaltung des Back-Office. Er teilt mit, dass er sich gern weiterentwickeln würde und obwohl der Job ihm Spaß macht, hat er das Gefühl er würde auf einer Stelle stehen. Der Gesprächsführer hört ihm zu und stellt Rückfragen.
Beispiel: „[Ruhepause] Ich verstehe Herr Fischer. In Ihrem Wunsch sich weiterzuentwickeln, möchte ich Sie unterstützen und Ihnen anbieten ein Trainee

---
[14] Vgl. *Mallon* (2021), S. 70–79.

im Unternehmen zu absolvieren, bei dem Sie alle Bereiche durchlaufen. Mit Ihrer Qualifikation stehen Ihnen die Türen offen!" (GT: Aktives Zuhören, Vorschlag machen, Ich-Botschaft senden, Feedback)

4. Abgleich/Feedback: In der vierten Phase gehört das Wort nun hauptsächlich dem Gesprächsführer. Zunächst werden Gemeinsamkeiten und übereinstimmende Punkte erneut genannt und verstärkt. Danach werden die Punkte erläutert, bei der die Geschäftsführung eine andere Auffassung hat. In dieser Phase wird Herrn Fischer erklärt, dass er sich in Teambesprechungen selten zu Wort meldet und oft still wirkt.
Beispiel: „Es freut mich zuhören, dass es Ihnen bisher so gut gefällt. Um ehrlich zu sein war ich mir dazu manchmal unsicher, da Sie in Teambesprechungen sehr still sind. (GT: Eigene Meinung sagen, Ich-Botschaft, Appell, Gefühle spiegeln)

5. Klärung/Lösung: In der fünften Phase werden Lösungs- und Handlungsvorschläge besprochen. Herr Fischer wird gefragt, was er sich in Zukunft wünscht und wie es umzusetzen wäre.
Beispiel: Herr Fischer, wie sähe Ihrer Meinung nach eine gute Lösung dieses Problems aus? (GT: Vorschläge erbitten, analytisch zuhören)

6. Abschluss: In der sechsten Phase werden abschließend die zentralen Punkte notiert und schriftlich festgehalten. Beendet wird das Gespräch mit einem gegenseitigen Feedback zum Mitarbeitergespräch und der subjektiven Beurteilung.[15]
Beispiel: Ich bin von Ihrer Arbeit sehr überzeugt Herr Fischer. Sie liefern durchweg herausragende Ergebnisse, z.B. zuletzt bei der großen Marketingkampagne und Ihrer Budgetplanung. Durch Sie konnten wir sehr effizient wirtschaften. Es macht mich sehr stolz Sie bei uns im Team zu haben. Vielen Dank! (GT: Feedback, Eigene Meinung sagen, Ich-Botschaft)

Herr Fischer soll wissen, dass er für seine Arbeit anerkannt und geschätzt und er im Unternehmen wie jeder andere akzeptiert und gemocht wird. Es soll bewusst kein Druck aufgebaut werden, indem er gebeten wird mehr Meldungen abzugeben, sondern eine ehrliche offene Kommunikation geben, die es jedem erlaubt so zu sein, wie er ist – ohne sich zu verstellen.

---

[15] Vgl. *Baller* (2017), S. 87–88; *Unger* et al. (2022), S. 225–226.

2. Teilaufgabe 2

Die moderne Arbeitswelt befindet sich in stetigem Wandel. Vor knapp 120 Jahren erlebte die Arbeitswelt ihre erste herausragende Entwicklung, nämlich in der Zeit, als die industrielle Gesellschaft Einzug fand und Dampf- und Wasserkraftmaschinen sowie Mechanisierung das Bild, der frühen Arbeitswelt, prägte (Arbeitswelt 1.0).[16] Mittlerweile befinden wir uns in der vierten Phase seit Beginn der industriellen Revolution. Massenproduktion, Fließbandarbeit, die Nutzung elektrischer Energie und Arbeitsteilung (Arbeitswelt 2.0) wurde durch die darauffolgende Automatisierung durch Computer und Roboter und Meilensteine in der Informationsverarbeitung Anfang der 90er Jahre (Arbeitswelt 3.0) abgelöst. Die digitale Innovation begann – ein neues Zeitalter. Anlehnend kam es nun zum Einzug von künstlicher Intelligenz und die Möglichkeit Remote zu arbeiten. Dies ist die aktuelle Phase – Arbeitswelt 4.0.

Anm. der Red.: Diese Abb. wurde aus urheberrechtlichen Gründen entfernt.

Abb. 1: Die vier Phasen der Arbeitswelt
Quelle: (*Hahn* 2021)

Der Beginn der Arbeitsteilung und somit Bildung von Teams und Arbeitsgruppen geschah mit Entwicklung der Arbeitswelt 2.0 Anfang des 19. Jahrhunderts.[17] Menschen arbeiten und agieren also schon seit sehr langer Zeit miteinander im Kollektiv. Die Idealvorstellung ist, dass Menschen zu Teams zusammenkommen und stetig herausragende Leistungen erbringen, jedes Mitglied des Teams Spaß

---
[16] Vgl. *Hahn* (2021).
[17] Vgl. *Hahn* (2021).

an der Arbeit hat und durch überdurchschnittliche Bindung an das Unternehmen besticht. In Wirklichkeit sieht dies allerdings oft anders aus. Das liegt zum einen daran, dass Menschen unterschiedlicher Persönlichkeiten im Team aufeinandertreffen und nicht automatisch eine perfekte symbiotische Arbeitsatmosphäre zwischen ihnen auflebt. Die Folge sind dann Streitereien, Missverständnisse sowie Neid und/oder Konkurrenzverhalten.[18] Durch diese Blockaden kommt es dann zu schlechterer Arbeitsqualität, höherem Krankenstand und Unzufriedenheit am Arbeitsplatz. Ein perfektes Team wird in den seltensten Fällen also direkt geboren, aber kann sich mit gezielten Maßnahmen in eine funktionierende Verbindung entwickeln. Bevor im Weiteren die Auslöser für Teamentwicklungsmaßnahmen erläutert werden, stellt sich zunächst die Grundfrage, um was es sich bei dem Begriff Team per Definition handelt. Der Begriff stammt aus dem Englischen, was übersetzt Gruppe, Mannschaft oder Kollektiv bedeutet. Die Bedeutung des Wortes entstammt dem altenglischen für ein Gespann von Zugtieren bzw. Ochsen. Sie wurden im Gespann genutzt, um ein einzelnes Tier nicht die ganze Arbeit machen zu lassen, sondern der Kraftaufwand auf mehrere Tiere zu verteilen, was eine Arbeitserleichterung für alle zur Folge hatte.[19] Zu den Auslösern für Teamentwicklungsmaßnahmen zählen: ein neues Team beginnt mit der Arbeit, ein geschäftliches Team wird zu einem virtuellen Team, ein Team mit vermehrten Gruppenaktivitäten mit Negativfolgen, ein Team steht vor einem größeren Problem oder ein Team möchte sich verbessern. Der Ablauf unterteilt sich nach Kauffeld (2014) in verschiedene Phasen:

1. **Kontaktphase:** Abklärung der Erwartungen, Ziel- und Methodenfestlegung sowie Zeit und Organisation
2. **Diagnosephase:** wird im nächsten Abschnitt erläutert (Teamdiagnose)
3. **Planungsphase:** Resultate der Diagnosephase dienen zur Inhaltsvereinbarung
4. **Durchführungsphase:** zur Transfersicherstellung erfolgt eine Selbstverpflichtung und ein Maßnahmenplan
5. **Evaluationsphase:** nach Durchführungsende erfolgt eine Evaluation[20]

---
[18] Vgl. *Arenberg* (2016), S. 59.
[19] Vgl. *Arenberg* (2016), S. 16.
[20] Vgl. *Arenberg* (2016), S. 60.

Im Rahmen der Teamentwicklung spielt die Teamdiagnose eine tragende Rolle und steht am Beginn eines Entwicklungsprozesses oder Teamsupervision. Durch eine systematische Durchführung der Teamdiagnose können Informationen über die Teammitglieder und dem prozessualen Geschehen gesammelt und anschließend evaluiert werden, da eine Messung zu Beginn und in der Folgezeit Aufschluss über die Entwicklungstendenzen gibt. Insbesondere geht es um relevante Informationen des Teamgeschehens die mit dem bloßen Auge nicht erkennbar sind. Dabei kommt es zum Einsatz verschiedener Diagnoseinstrumente, die aus der Arbeits- und Organisationspsychologie stammen:

- Schriftliche und/oder mündliche Befragungen durch Interviews und Fragebögen (Einzel- oder Gruppeninterviews)
- Inhaltsanalysen von betrieblichen Dokumenten wie Protokolle
- Rollenspiel-Simulationen bei der Auswertung von typischen Ereignissen
- Stimmungsbarometer (meist vor Beginn einer Maßnahme)

Die Entwicklungsanalyse hat das Ziel eine Grundlage für einen Maßnahmenplan hinsichtlich Problemlösungen und gesteigerter Teamarbeit zu schaffen. Dabei gibt es zum einen prozessanalytische und strukturanalytische Verfahren.

Bei prozessanalytischen Verfahren geht es um Beobachtungen von Prozessen und Arbeitsabläufen. Dadurch werden wichtige Informationen geliefert, die es ermöglichen eine detaillierte Analyse vorzunehmen, obgleich es sich um ein nicht-reaktives Verfahren handelt. Hemmnisse ergeben sich durch die hohe Zeitintensität der Durchführung sowie die Verfügbarkeit beteiligter Ressourcen.

Hingegen handelt es sich bei strukturanalytischen Verfahren um Datengenerierung durch Befragungen. Aufgrund der persönlichen Wahrnehmung des Befragten kennzeichnet dieses Verfahren eine hohe Standardisierung, niedrige Zeitintensität und Ressourcen, bei dem nicht nur das persönliche Empfinden, sondern auch die Emotionen widergespiegelt werden, aus. Allen voran ist das Teamklima-Inventar von Brodbeck, Anderson und West (2000), bei dem das Teamklima ermittelt wird.[21]

---

[21] Vgl. *Arenberg* (2016), S. 61, *Brauner* (1998).

Zur Zielsetzung von Teamdiagnostik zählen allgemeine Informationsgewinnung des Ist-Zustandes hinsichtlich des Teamgefüges und Problemsituationen, Dialoginitiierung, Stärken-Schwächen-Analyse, Bedarfsermittlung von Teamentwicklungsmaßnahmen, Unterstützung von Coaches bei Feedbackfunktion und Teamsupervision und Sensibilisierung aller Teammitglieder und ihrer Selbststeuerungsfähigkeit.[22]

Da sich eine Teamdiagnose immer an Kapazitäten des Unternehmens bindet, ist sie unter einer bestimmten Fragestellung mit einem geeigneten Diagnosemittel durchzuführen, welches differenzierend, wirtschaftlich, umfassend und verhaltensnah ist. Um Ergebnisverzerrungen zu minimieren ist geschultes Anwenderpersonal nötig, sodass Objektivität, Reliabilität und Validität gewährleistet sind.

Die Nutzung eines Verfahrens zur Teamdiagnose wird nun folgend anhand eines Beispiels erklärt.

Aus den vorhergehenden Erläuterungen stellt das strukturanalytische Verfahren das geeignetere Instrument dar, aufgrund der Effizenz der hohen Standardisierung, Wirtschaftlichkeit und geringem Zeitaufwand. Im Vordergrund stehen hierbei Befragungen und das Ausfüllen von Fragebögen. Zunächst werden in Mitarbeiter/innen-Befragungen gezielte Leitfragen anonym beantwortet, bei denen es eine Skalierung von *0 = miserabel* bis *10 = großartig* gibt. Ergänzend dazu empfiehlt sich der Einsatz des Fragebogens zur Arbeit im Team, kurz F-A-T nach Kauffeld (2004). Dieser bietet einen Überblick über den aktuellen Stand sowie Stärken und Schwächen aller hierarchischer Ebenen. Er besteht aus vier Bereichen zur Zielorientierung, Aufgabenbewältigung, Zusammenhalt und Übernahme von Verantwortung, mit 24 Items bei einer Bearbeitungszeit von schätzungsweise 10 Minuten. Die darauffolgende Auswertung ist computergestützt und bietet neben der automatischen Auswertung der Antworten auch eine bildliche Darstellung der gewonnenen Antworten. Zudem bietet es sich an Vergleiche mit anderen Teams oder zu einem späteren Messzeitpunkt erneut durchzuführen.[23]

---

[22] Vgl. *Arenberg* (2016), S. 61–62, *Brauner* (1998).
[23] *Kauffeld* (2004).

Abschließend werden die Ergebnisse anonymisiert ausgewertet und ein Durchschnittswert der Skalierungsfragen ermittelt, reflektiert und diskutiert. Zusätzlich empfiehlt sich auch die Angabe des niedrigsten und höchsten Wertes in darauffolgenden Teambesprechungen und Maßnahmenplänen zu integrieren.

Die Voraussetzung für den Erfolg eines Unternehmens sind Kooperation und Teamwork. Durch zunehmende Anforderungen der Industrie 4.0 (siehe Abb. 1) finden sich Menschen vor immer komplexeren Aufgaben und Fragestellungen, die es notwendig machen, im Team zu handeln, statt allein. Ein modernes Unternehmen weiß um die Relevanz der Harmonie im Team. Wenn es also gelingt regelmäßige Teambesprechungen und Teamevents zu etablieren, in denen es nicht nur ausschließlich um das Projekt sondern das Miteinander geht, können innovative, leistungsfähige und wirtschaftlich erfolgreiche Ergebnisse erzielt werden.

3. Teilaufgabe 3

Im Bereich der Kommunikationspsychologie spielen verschiedene Kommunikationsmodelle eine wichtige Rolle. Sie dienen der Verbindung, aber auch Abstraktion der Wirklichkeit, um einen gewissen Anteil der Wirklichkeit in reduzierter Komplexität darzustellen. Grundlegend gibt kein Modell Aussage über eine umfassende allgemeingültige Wirklichkeit. Vielmehr werden mehrere Modelle miteinander kombiniert, um einen bestimmten Wirklichkeitsaspekt zu erläutern. Besonderes in Zeiten von „Big Data" wird die Rolle der Modelle merklich wichtiger, damit enorme Datenmengen verarbeitet werden können, um nutzbares und relevantes Material daraus zu filtern. Neben gängigen Modellen wie dem Sender-und-Empfängermodell nach Shannon und Weaver, dem Nachrichtenquadrat und den vier Ohren nach Schulz von Thun sowie den fünf Axiomen nach Watzlawick, welche eher zu den allgemeinen Modellen zählen, gibt es auch Modelle, die zu den praktischen Modellen gehören und im Alltag Anwendung finden.[24]

Hierzu zählt das angewandte Kommunikationsmodell der Transaktionsanalyse (TA) welches im Jahr 1959 durch den amerikanischen Psychiater Eric Berne entwickelt wurde. Im Rahmen früherer neurochirurgischer Experimente wurde der Zusammenhang zwischen einem im Gehirn stattfindenden Reiz und einer Reaktion in Form eines spontanen, automatischen Verhaltens untersucht. Auf Grundlage dessen kam es zu der Annahme, dass menschliches Verhalten in Bruchteilen einer Sekunde als Reaktion auf einen äußeren Reiz geschieht und eine Änderung hervorruft. Das Modell selbst wurde im Laufe der Jahre und neuen Erkenntnissen der Wissenschaft stetig weiterentwickelt, z.B. durch:

- Bernd Schmid (1994)
- Fanita English (1996)
- Mary & Robert Goulding (1999)

Mithilfe der TA soll menschliches Verhalten erklärbar gemacht werden, sodass es als Theorie der Persönlichkeit verstanden wird. Die TA macht Kommunikationsmuster bewusst und kann diese sogar beeinflussen, z.B. im Bereich des Konfliktmanagements, auf das später anhand eines Beispiels

---

[24] Vgl. *Baller* (2017), 19-28, 49.

genauer eingegangen wird. Es ist also als Mittel zu verstehen, dass es jedem ermöglichen soll, die eigenen Gefühle und Einstellungen zu reflektieren und daraus resultierende Verhaltensmuster zu erkennen und unproduktive Angewohnheiten durch günstigere Alternativen zu ersetzen. Das Ziel der TA ist es Kommunikationsstörungen zu vermeiden und Konflikte begreifbar und lösbar umzugestalten.[25]

Nach Auffassung von Berne liegt der Schlüssel der Kommunikation in der Psyche des Menschen selbst. Die Art und Weise von Kommunikation gibt Aufschluss über den menschlichen Charakter, die Gefühle und auch die Erinnerung. Grundlegend besteht die TA aus vier Bausteinen, wie die folgende Abbildung verdeutlicht.

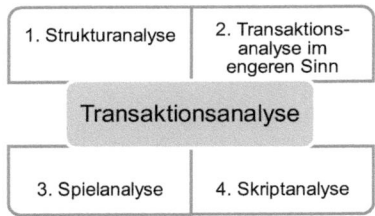

Abb. 2: Aufbau der Transaktionsanalyse
Quelle: (Eigene Darstellung in Anlehnung an (*Luckau* 2018, S. 34)

Innerhalb der TA spielt das Konzept des Lebensskripts eine fundamentale Rolle, denn dieses stellt einen unbewussten Lebensplan dar. Bereits im Kleinkindalter kommt es durch Schlüsselerlebnisse zu Prägungen, auf Grundlage dessen sich bis zum Schulalter eine gewisse Ansicht vom Leben entwickelt: von sich selbst, von anderen, von der Welt und dem Leben und vom Verlauf seines Lebens.

Dabei steht die Reizreaktion und deren Analyse im Fokus der TA. Anhand seiner Beobachtungen schlussfolgerte Berne, dass die Persönlichkeit eines Menschen drei verschiedenen Ich-Zuständen zuzuordnen ist, welche mithilfe der Strukturanalyse erklärt werden. Bei der Strukturanalyse geht es grundlegend um das Verständnis dieser verschiedenen Ich-Zustände, welche dauerhafte Gefühls- und Verhaltensmuster darstellen.[26] Zu den drei Ich-Zuständen mit

---
[25] Vgl. *Baller* (2017), S. 55; *Luckau* (2018), S. 33-34, *Mai* (2020).
[26] Vgl. *Baller* (2017), S. 55-56; *Behrens* (2020), S. 179–180; *Luckau* (2018), S. 34.

entsprechenden Verhaltensspeichern zählen: Das Eltern-Ich (EL), das Erwachsenen-Ich (ER) und das Kind-Ich (K).

Das Eltern-Ich (EL) gilt als angelerntes Lebenskonzept, bei dem das Verhalten, Denken und Fühlen von Respektspersonen wie den Eltern übernommen wurde, also jegliches denken, fühlen und handeln. Darunter zählen sowohl der grundlegende Umgang mit dem Kind wie auch alle Ermahnungen, Regeln, Gebote und Verbote. Das EL charakterisiert die Aufnahme ungeprüfter Wahrheiten. Dies geschieht durch Außenereignisse oder beobachtetes Verhalten. Es kommt zu einer ungefilterten Abspeicherung dieser Beobachtungen und wird folgend auf alle anderen Erwachsenen gleichwertig bezogen. Es handelt sich um eine automatische Verhaltenstendenz, welche das menschliche Individuum lebenslänglich begleitet. Kritische Verhaltensweisen können sich im Privatleben und Berufsalltag zeigen, wenn Vorurteile bestehen oder sich selbst und anderen Verbote erteilt werden. Begünstigende Verhaltensweisen spiegeln sich hingegen in Form von unterstützendem, geduldigem Verhalten und einer hohen Situationstoleranz. Es wird zwischen dem kritischen Eltern-Ich (kEL) und fürsorglichen Eltern-Ich (fEL) unterschieden. Das kEL wird charakterisiert als überkritisch, abwertend, stigmatisierend, bestrafend und erteilt Befehle. Das fEL hingegen gilt als aufmerksam, unterstützend, geduldig, verständnisvoll, tröstend, ermutigend und ausgleichend.[27]

Das Kind-Ich (K) gilt als das eingefühlte Lebenskonzept, bei dem das Verhalten und Fühlen ursprünglich aus der Kindheit (zwischen zwei und fünf Jahren) stammt und sich als gefühlsmäßige Reaktion auf äußere Ereignisse selbst entwickelt hat.[28] Dieser Zustand des Denkens, Fühlens und Impulsverhaltens, welches eine Person bereits als Kind fühlte, tritt im aktuellen Moment wieder ein. Weil der kleine heranwachsende Mensch noch nicht durch sprachliche Mittel in der Lage ist auf Erlebnisse zu reagieren, geschieht dies über die Gefühlsreaktion.[29] Das Kind-Ich wird in drei Ausdrucksformen unterschieden: das freie (natürliche) Kind-Ich (fK), das angepasste Kind-Ich (aK) und das rebellische Kind-Ich (rK). Beim fK und rK stehen Spontaneität, Kreativität und Neugier aber auch Widerstand und Mut im Fokus. Als modifizierte Form entsteht daraus das

---
[27] Vgl. *Luckau* (2018), S. 34–35; *Lüneburg* (2019), S. 209.
[28] Vgl. *Behrens* (2020), S. 178.
[29] Vgl. *Baller* (2017), S. 56; *Luckau* (2018), S. 35; *Lüneburg* (2019), S. 208.

aK, dass sich so verhält, wie man es von ihm erwartet hat, da andernfalls ein Liebesentzug zu befürchten war. Das Verhalten wird an Wünsche und Erwartungen Erwachsener angepasst, sodass es zu einer destruktiven Verhaltensanpassung, mit viel Leid und Erduldung sowie einer Passivität, kommt.[30]

Das Erwachsenen-Ich (ER) gilt als das gedachte Lebenskonzept, dass bezogen auf die Realität bzw. Gegenwart erst durch Auseinandersetzungen im Erwachsenenalter durch Außenreize entsteht. Charakteristisch sind eine sachliche, informative und logische Kommunikation, dessen Informationen bewertet und verarbeitet werden um daraus Erkenntnisse, Handlungen und Problemlösungen zu ziehen. Es kommt zu einer anhaltenden Überprüfung von K- und EL-Annahmen, ob diese noch anwendbar sind bzw. der Gegenwart entsprechen. Vordergründig sind automatische Verhaltenstendenzen auf Außenreize, wobei im ER eine Reflektion des Handelns erfolgt und spontane Reaktionen zu überlegten Reaktionen übergehen, welche nicht mehr ausschließlich automatisch ablaufen.[31]

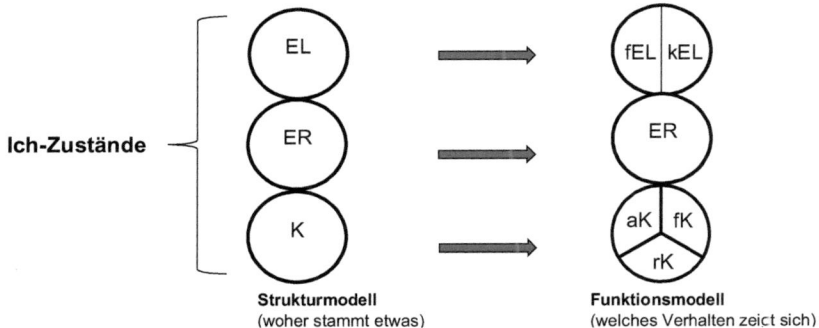

Abb 3.: Struktur- und Funktionsmodell der Ich-Zustände
Quelle: (Eigene Darstellung in Anlehnung an (*Behrens* 2020, S. 178)

Beim Zusammentreffen von mehreren Personen kommt es bei der Kommunikation folgend zu Reiz-Reaktions-Ketten und sog. Transaktionsmustern. Es wird in drei Transaktionen unterschieden:

---

[30] Vgl. *Luckau* (2018), S. 35; *Lüneburg* (2019), S. 208–209.
[31] Vgl. *Luckau* (2018), S. 36–37; *Lüneburg* (2019), S. 209–210.

1. **Parallele Transaktion:** Sie stellt die einfachste Form dar und entspricht sozialen Konventionen, bei dem der Empfänger angesprochene Ich-Zustand auf den Ich-Zustand des Senders reagiert und ein ungehinderter Fluss der Kommunikation stattfindet.
   Frau X: „Wann findet die Besprechung statt?" (EL)
   Frau Y: „Um 18:00 Uhr" (EL)

2. **Gekreuzte Transaktion:** Diese Form geht einher mit starken Emotionen und führt oft zu Konflikten. Im Vergleich zur parallelen Transaktion kommt es, wie der Name erahnen lässt, zu einer Überkreuzung, sodass die Aussagen nicht stimmig sind und zu einer Störung der Kommunikation führen. Dies geschieht, wenn der Sender eine Aussage aus dem EL trifft und die Antwort des Empfängers bspw. das K des Senders anspricht. Gründe für eine gestörte Kommunikation sind z.B. unterschiedliche Erwartungen, Machtkampf, Ablehnung oder eingeschränkte Kommunikationsfähigkeiten.
   Frau X: „Wollen wir heute die Ergebnisse des Interviews auswerten?" (ER)
   Mann X: „Du weißt doch, dass ich noch nicht fertig bin!" (K)

3. **Verdeckte Transaktion:** Im Vergleich zur parallelen und gekreuzten Transaktion findet die verdeckte Transaktion auf zwei Ebenen statt, z.B. bei unterschwelligen Botschaften oder Hintergedanken. Neben der Sachaussage gibt es auch eine verdeckte Aussage, die u.a. Aufschluss über die Beziehung der Gesprächsbeteiligten liefert. Erkennbar ist hier oft fehlender Respekt oder Wertschätzung.
   Mann X: „Ich bin unsicher, ob ich die Aufgabe bis morgen schaffe!" (ER)
   Mann Y: "Das wirst du schon schaffen!" (EL/K)[32]

Mithilfe der TA ist es Führungskräften möglich Konflikte zu lösen oder diesen vorzubeugen. Denn obgleich sie ursprünglich in der klinischen Psychologie genutzt wird, kann sie im wirtschaftlichen Kontext fehlerhafter Kommunikation entgegenwirken. Dazu dienen spezielle Coachings, um Führungskräfte so zu schulen, dass respektvoll und menschlich mit Mitarbeitern kommuniziert wird.[33]

---
[32] Vgl. *Baller* (2017), S. 58–60; Vgl. *Luckau* (2018), S. 38–41; *Lüneburg* (2019), S. 212–214.
[33] Vgl. *Luckau* (2018), S. 41.

Die meisten Führungskräfte führen aus dem ER heraus und sind in der Lage je nach Situation in einen anderen Ich-Zustand zu wechseln. Jedoch gibt es auch eine große Anzahl an Führungskräften, die aus dem kEL oder aK führen.

Beim Führen aus dem kEL kommt es bei den Mitarbeitern zum Verhalten des aK. Der Mitarbeiter nimmt die Rolle als Untergebener ein und die Führungskraft demonstriert ihre Macht. Diese Unternehmensführung ist besonders in traditionellen und sehr hierarchisch aufgestellter Unternehmen vorzufinden und geprägt von der Einstellung, dass ein Chef streng, unnahbar und autoritär sein muss, um sein Unternehmen zum Erfolg zu bringen. Es fehlt an Empathie, Offenheit und Vertrauen zwischen Führungskraft und Mitarbeitendem.

Beim Führen aus dem aK heraus werden Anweisungen ungefragt übernommen. Auf Nachfrage der Mitarbeiter hinsichtlich der Informationsversorgung wird das fEL angesprochen. In diesem Fall ist die parallele, ungestörte Kommunikation nicht gegeben, da die Führungskraft nicht gelernt hat aus dem ER zu handeln. In diesem Fall kann ein Coaching sensibilisierend auf die Herausarbeitung des ER helfen, um eine authentische und offene Kommunikation zu gewährleisten und in die Unternehmensführung zu integrieren.

Zusammenfassend stellt es für jede Führungskraft einen immensen Vorteil dar Transaktionen einschätzen zu können und angemessen auf sie zu reagieren. Zum einen um eine klare Position im ER einzunehmen und sich der eigenen Haltung klar zu werden, sowie eine grundlegende Verbesserung von Kommunikation zu erzielen. Andererseits bindet es die Mitarbeiter stärker an das Unternehmen und wirkt Fluktuation entgegen, da sie sich geachtet und verstanden fühlen. Ebenso können Missverständnisse und Konflikte bei entsprechender Schulung im Vorfeld unterbunden werden, da der Inhaltsaspekt einer Nachricht erkannt und auf entsprechender Ebene auf ihn eingegangen wird. Abschließend fängt gelungene Unternehmensführung bei sich selbst an, indem die eigene Äußerung als Erwachsener erfolgt und folglich den Mitarbeitern konkrete Fragen gestellt werden, die auf die ER abzielen.[34]

Je mehr ER Beteiligung an einer Transaktion stattfindet, desto eher können Konflikte vermieden und auf kognitive bzw. logische Wahrnehmungs- und Denkprozesse zurückgegriffen werden.

---

[34] Vgl. *Lüneburg* (2019), S. 211–214; *Pfluger* (o. J.).

Literaturverzeichnis

Arenberg, P. (2016), Studienbrief Teamentwicklung, Riedlingen.

Baller, G. (2017), Kommunikation im Krankenhaus. Erfolgreich kommunizieren mit Patienten, Arztkollegen und Klinikpersonal, Berlin, Heidelberg.

Behrens, C. (2020), Aufstellungsarbeit mit Transaktionsanalyse. In: *Stadler, C./Kress, B.* (Hrsg.), Praxishandbuch Aufstellungsarbeit, Wiesbaden, S. 177–187.

Brauner, E. (1998), Die Qual der Wahl am Methodenbuffet – oder wie der Gegenstand nach der passenden Methode sucht. In: *Ardelt-Gattinger, E./Lechner, H./Schlögl, W.* (Hrsg.), Gruppendynamik: Anspruch und Wirklichkeit der Arbeit in Gruppen, Göttingen, S. 176–193.

Brenner, D. (2020), Mitarbeitergespräche souverän führen. Ein praxisorientiertes Manual für Führungskräfte, 2. Aufl., Wiesbaden, Heidelberg.

Bundeszentrale für politische Bildung (2016), Unternehmen, in: https://www.bpb.de/kurz-knapp/lexika/lexikon-der-wirtschaft/20918/unternehmen/, abgerufen am 22. 7. 2022.

Hahn, V. (2021), Zukunft Arbeitswelt: Eine rasante Entwicklung. Der Wandel der Arbeitswelten – gestern, heute und morgen, in: https://mittelstandsschutz.de/magazin/wandel-der-arbeitswelt/, abgerufen am 22. 9. 2022.

Kauffeld, S. (2004), Der Fragenbogen zur Arbeit im Team (F-A-T), Göttingen.

Luckau, P. (2018), Studienbrief Kommunikation: Theorien, Modelle und Techniken, Riedlingen.

Lüneburg, A. (2019), Auf Dem Weg Zur Führungskraft. Die innere Haltung Entwickeln, Wiesbaden.

Mai, J. (2020), Transaktionsanalyse: Einfach erklärt, in: https://karrierebibel.de/transaktionsanalyse/, abgerufen am 9. 11. 2022.

Mallon, V. (2021), Stille endlich verstehen, Berlin.

Neyer, F. J./Asendorpf, J. B. (2017), Psychologie der Persönlichkeit, 6. Aufl., Berlin, Heidelberg.

Pfluger, H. W. (o. J.), Die Transaktionsanalyse (TA) zur Erkennung und Lösung von Konflikten, in: https://www.mhwp.eu/ta, abgerufen am 1. 12. 2022.

Rassek, A. (2018), Gesprächstechnik: klarer kommunizieren, in: https://karrierebibel.de/gespraechstechnik/, abgerufen am 8. 8. 2022.

Unger, F./Sann, U./Martin, C. (2022), Personalführung in Organisationen der Sozialwirtschaft. Ein Studienbuch, Wiesbaden.

BEI GRIN MACHT SICH IHR WISSEN BEZAHLT

- Wir veröffentlichen Ihre Hausarbeit, Bachelor- und Masterarbeit

- Ihr eigenes eBook und Buch - weltweit in allen wichtigen Shops

- Verdienen Sie an jedem Verkauf

Jetzt bei www.GRIN.com hochladen und kostenlos publizieren